Buchstaben schreiben lernen

by Preschool Kidlix

A WIE .....

FÄRBE ALLE OBJEKTE MIT DEM ANFANGSBUCHSTABEN A

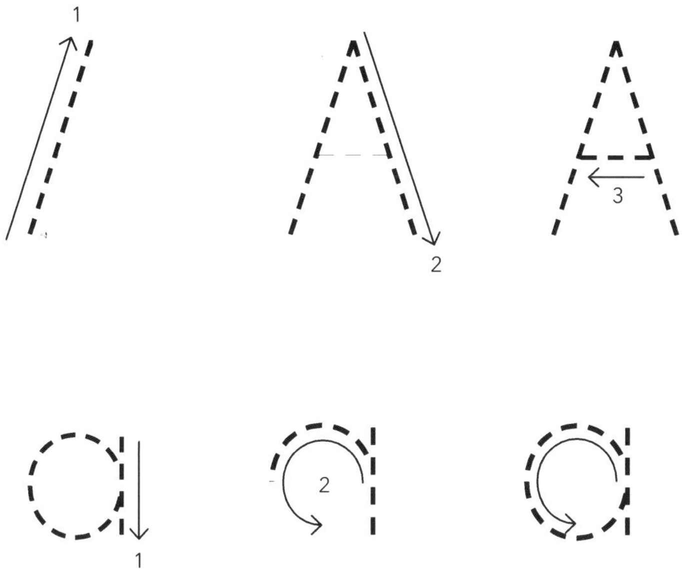

APFEL

A A A A A A A A A

A A A A A A A A A

A A A A A A A A A

A A A A A A A A A

A A A A A A A A A

a a a a a a a a a a a a

a a a a a a a a a a a a

a a a a a a a a a a a a

a a a a a a a a a a a a

a a a a a a a a a a a a

B WIE ...

FÄRBE ALLE OBJEKTE MIT DEM ANFANGSBUCHSTABEN B

BANANE

B B B B B B B B B B B

B B B B B B B B B B B

B B B B B B B B B B B

B B B B B B B B B B B

B B B B B B B B B B B

b b b b b b b b b b b b

b b b b b b b b b b b b

b b b b b b b b b b b b

b b b b b b b b b b b b

b b b b b b b b b b b b

C WIE ...

FÄRBE ALLE OBJEKTE MIT DEM ANFANGSBUCHSTABEN C

C L O W N

C C C C C C C C C C

C C C C C C C C C C

C C C C C C C C C C

C C C C C C C C C C

C C C C C C C C C C

c c c c c c c c c c c c c

c c c c c c c c c c c c c

c c c c c c c c c c c c c

c c c c c c c c c c c c c

c c c c c c c c c c c c c

D WIE ...

FÄRBE ALLE OBJEKTE MIT DEM ANFANGSBUCHSTABEN D

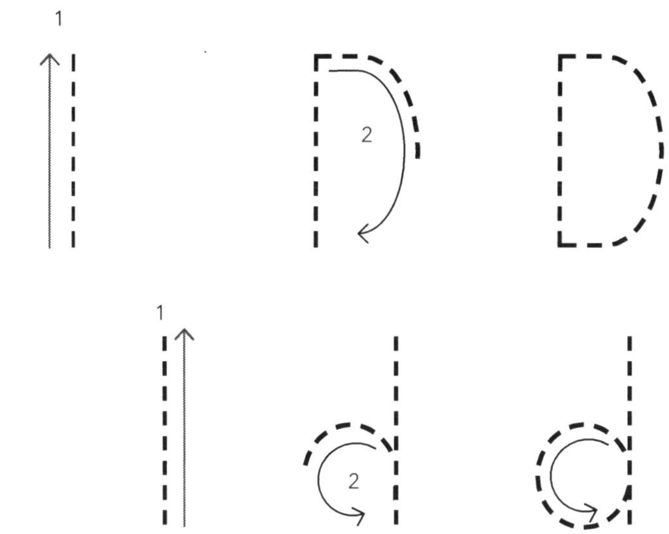

DOMINO

D D D D D D D D D D

D D D D D D D D D D

D D D D D D D D D D

D D D D D D D D D D

D D D D D D D D D D

d d d d d d d d d d d d

d d d d d d d d d d d d

d d d d d d d d d d d d

d d d d d d d d d d d d

d d d d d d d d d d d d

E WIE ...

FÄRBE ALLE OBJEKTE MIT DEM ANFANGSBUCHSTABEN E

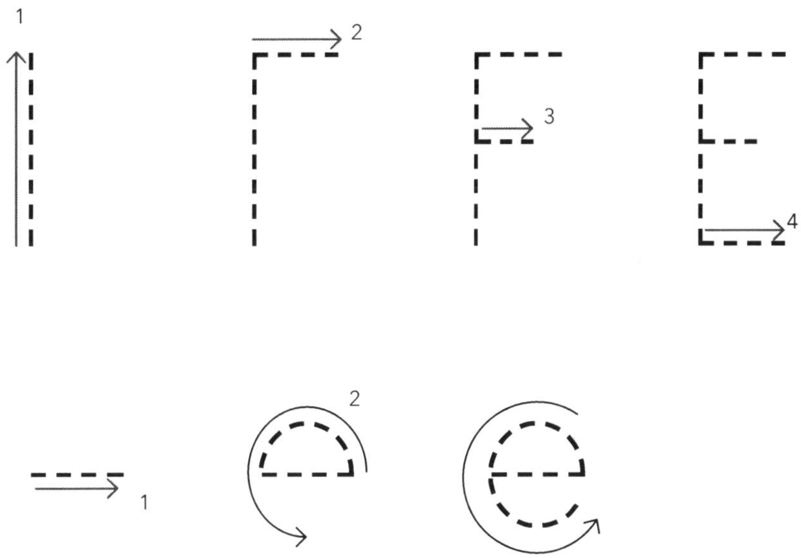

ELEFANT

E E E E E E E E E E E E

E E E E E E E E E E E E

E E E E E E E E E E E E

E E E E E E E E E E E E

E E E E E E E E E E E E

e e e e e e e e e e e e

e e e e e e e e e e e e

e e e e e e e e e e e e

e e e e e e e e e e e e

e e e e e e e e e e e e

F WIE ...

FÄRBE ALLE OBJEKTE MIT DEM ANFANGSBUCHSTABEN F

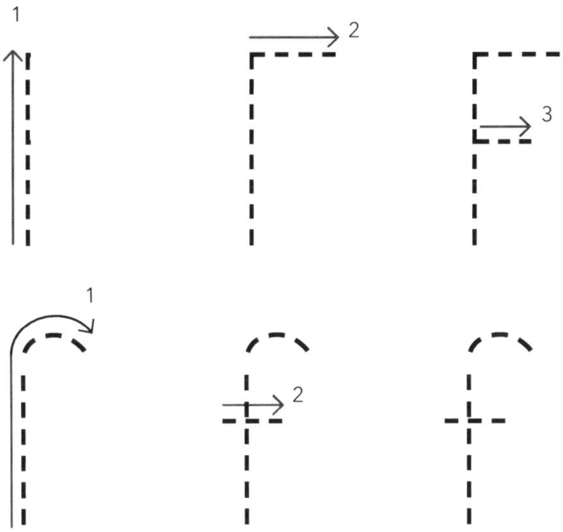

FISCH

F F F F F F F F F F F F

F F F F F F F F F F F F

F F F F F F F F F F F F

F F F F F F F F F F F F

F F F F F F F F F F F F

f f f f f f f f f f f f

f f f f f f f f f f f f

f f f f f f f f f f f f

f f f f f f f f f f f f

f f f f f f f f f f f f

G WIE ...

FÄRBE ALLE OBJEKTE MIT DEM ANFANGSBUCHSTABEN G

G G G

g g g

GIRAFFE

G G G G G G

G G G G G

g g g g g g g

g g g g g

G G G G G G G G G

G G G G G G G G G

G G G G G G G G G

G G G G G G G G G

G G G G G G G G G

g g g g g g g g g g g g

g g g g g g g g g g g g

g g g g g g g g g g g g

g g g g g g g g g g g g

g g g g g g g g g g g g

H WIE ...

FÄRBE ALLE OBJEKTE MIT DEM ANFANGSBUCHSTABEN H

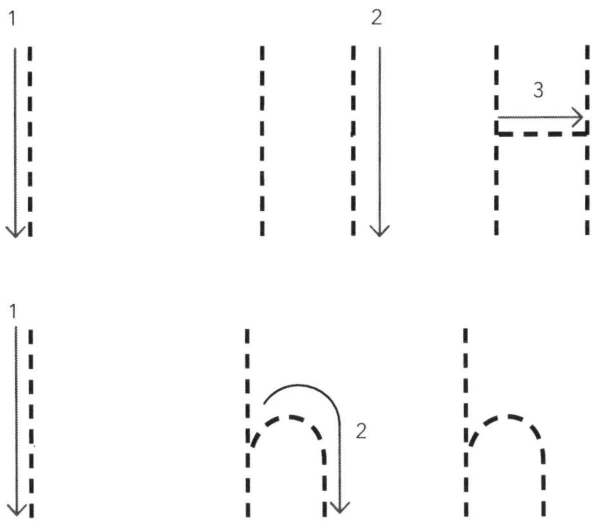

H A U S

H H H H H H H H H H H

H H H H H H H H H H H

H H H H H H H H H H H

H H H H H H H H H H H

H H H H H H H H H H H

h h h h h h h h h h h h h h

h h h h h h h h h h h h h h

h h h h h h h h h h h h h h

h h h h h h h h h h h h h h

h h h h h h h h h h h h h h

I WIE ...

FÄRBE ALLE OBJEKTE MIT DEM ANFANGSBUCHSTABEN I

I G L U

I I I I I I I I I

I I I I I I I I I

I I I I I I I I I

I I I I I I I I I

I I I I I I I I I

i i i i i i i i i i i

i i i i i i i i i i i

i i i i i i i i i i i

i i i i i i i i i i i

i i i i i i i i i i i

J WIE ...

FÄRBE ALLE OBJEKTE MIT DEM ANFANGSBUCHSTABEN J

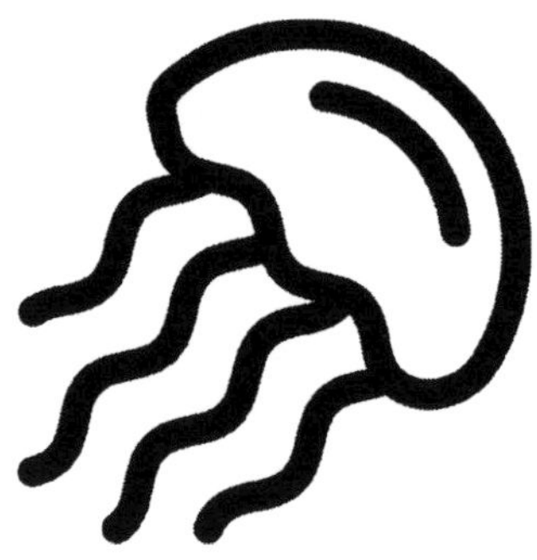

JAGUAR

J J J J J J J J J J

J J J J J J J J J J

J J J J J J J J J J

J J J J J J J J J J

J J J J J J J J J J

j j j j j j j j j j j

j j j j j j j j j j j

j j j j j j j j j j j

j j j j j j j j j j j

j j j j j j j j j j j

K WIE ...

FÄRBE ALLE OBJEKTE MIT DEM ANFANGSBUCHSTABEN K

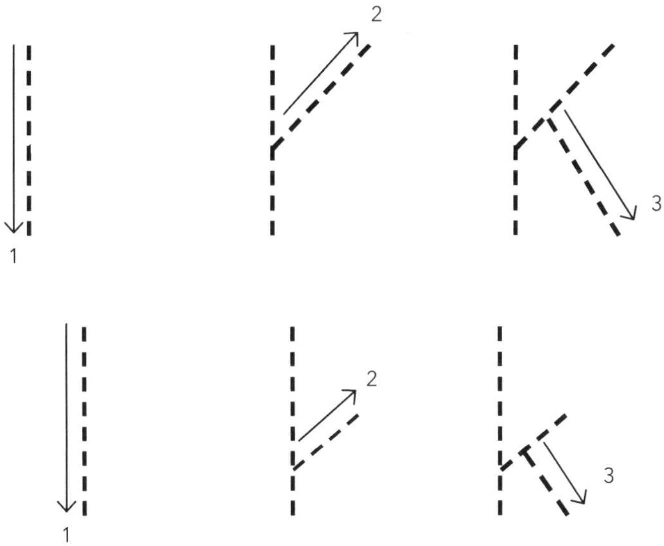

KOALA

K K K K K K K K K K

K K K K K K K K K K

K K K K K K K K K K

K K K K K K K K K K

K K K K K K K K K K

k k k k k k k k k k k k k k k

k k k k k k k k k k k k k k k

k k k k k k k k k k k k k k k

k k k k k k k k k k k k k k k

k k k k k k k k k k k k k k k

L WIE ...

FÄRBE ALLE OBJEKTE MIT DEM ANFANGSBUCHSTABEN L

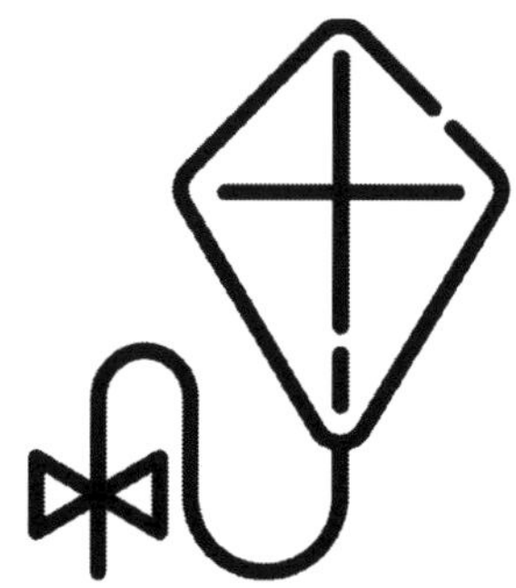

LÖWE

L L L L L L L L L L L L

L L L L L L L L L L L L

L L L L L L L L L L L L

L L L L L L L L L L L L

L L L L L L L L L L L L

M WIE ...

FÄRBE ALLE OBJEKTE MIT DEM ANFANGSBUCHSTABEN M

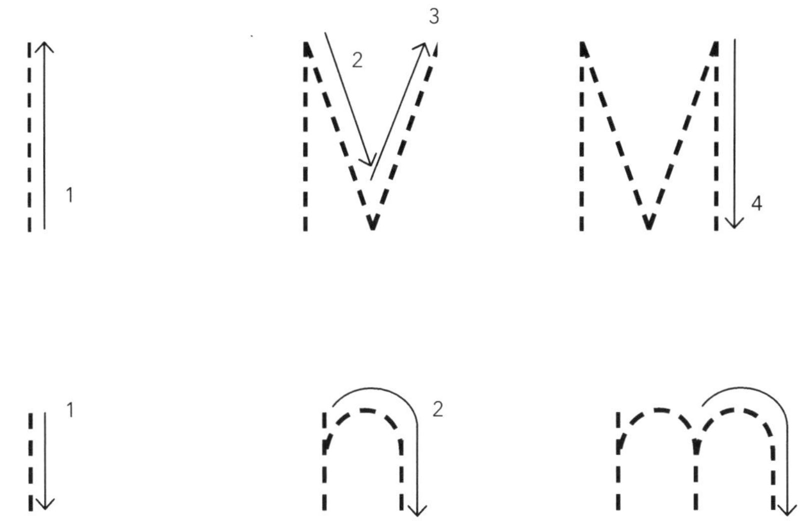

MOND

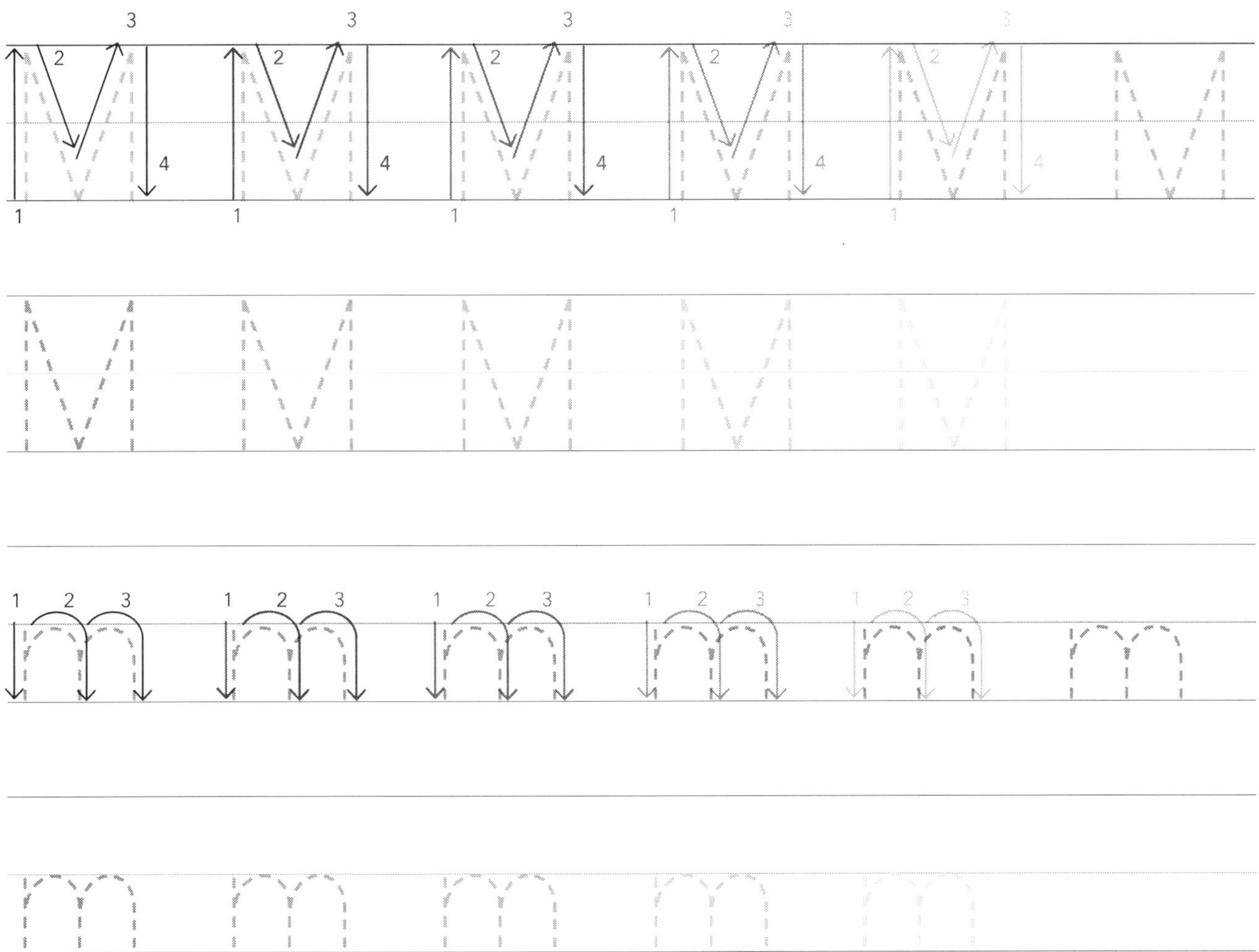

M M M M M M M M

M M M M M M M M

M M M M M M M M

M M M M M M M M

M M M M M M M M

m m m m m m m m m

m m m m m m m m m

m m m m m m m m m

m m m m m m m m m

m m m m m m m m m

N WIE ...

FÄRBE ALLE OBJEKTE MIT DEM ANFANGSBUCHSTABEN N

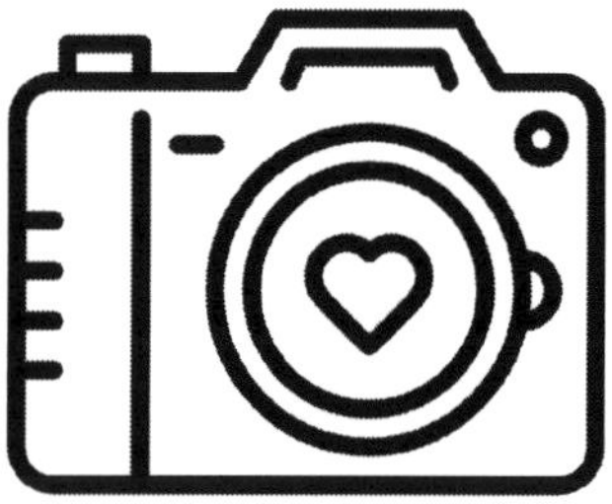

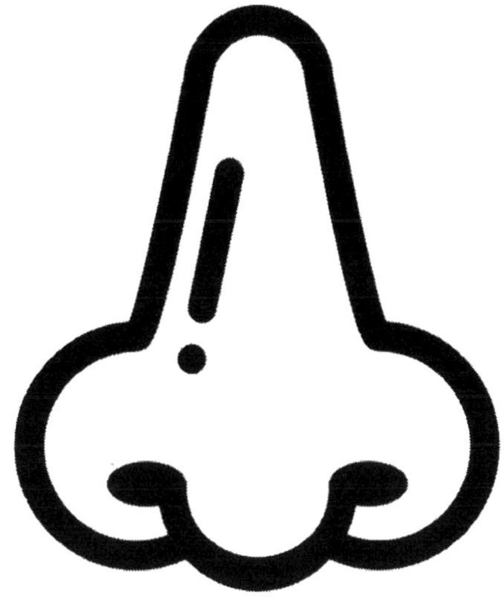

NASE

N N N N N N N N N N N

N N N N N N N N N N N

N N N N N N N N N N N

N N N N N N N N N N N

N N N N N N N N N N N

n n n n n n n n n n n n n n

n n n n n n n n n n n n n n

n n n n n n n n n n n n n n

n n n n n n n n n n n n n n

n n n n n n n n n n n n n n

O WIE ...

FÄRBE ALLE OBJEKTE MIT DEM ANFANGSBUCHSTABEN O

O K T O P U S

P WIE ...

FÄRBE ALLE OBJEKTE MIT DEM ANFANGSBUCHSTABEN P

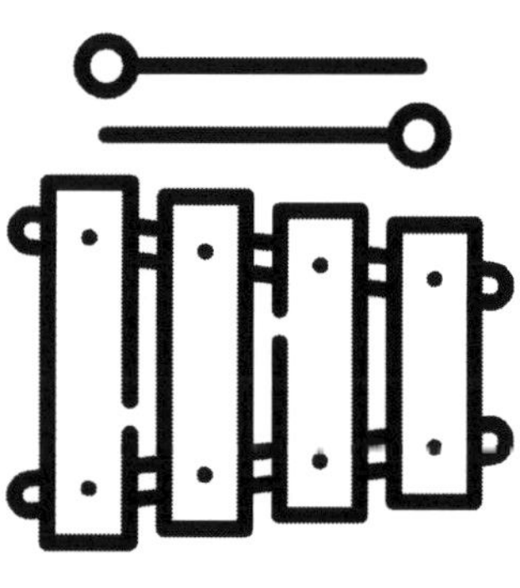

PINGUIN

P P P P P P P P P P P

P P P P P P P P P P P

P P P P P P P P P P P

P P P P P P P P P P P

P P P P P P P P P P P

p p p p p p p p p p p p

p p p p p p p p p p p p

p p p p p p p p p p p p

p p p p p p p p p p p p

p p p p p p p p p p p p

Q WIE ...

FÄRBE ALLE OBJEKTE MIT DEM ANFANGSBUCHSTABEN Q

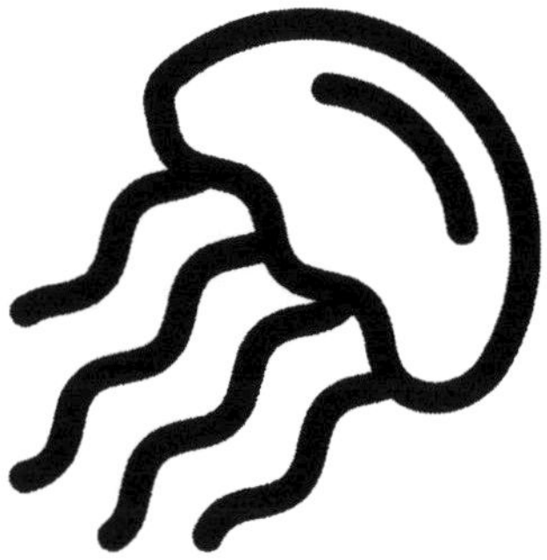

Q

q

QUADRAT

Q Q Q Q Q Q Q Q Q

Q Q Q Q Q Q Q Q Q

Q Q Q Q Q Q Q Q Q

Q Q Q Q Q Q Q Q Q

Q Q Q Q Q Q Q Q Q

a a a a a a a a a a a a

a a a a a a a a a a a a

a a a a a a a a a a a a

a a a a a a a a a a a a

a a a a a a a a a a a a

R WIE ...

FÄRBE ALLE OBJEKTE MIT DEM ANFANGSBUCHSTABEN R

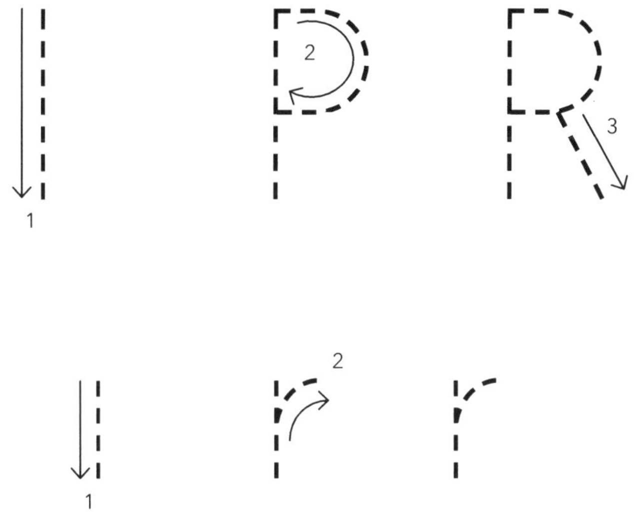

REGENBOGEN

R R R R R R R R R R R

R R R R R R R R R R R

R R R R R R R R R R R

R R R R R R R R R R R

R R R R R R R R R R R

r r r r r r r r r r

r r r r r r r r r r

r r r r r r r r r r

r r r r r r r r r r

r r r r r r r r r r

S WIE ...

FÄRBE ALLE OBJEKTE MIT DEM ANFANGSBUCHSTABEN S

S S S

s s s

S C H L A N G E

S S S S S S S

S S S S S

s s s s s s s s

s s s s s

S S S S S S S S S S

S S S S S S S S S S

S S S S S S S S S S

S S S S S S S S S S

S S S S S S S S S S

s s s s s s s s s s s s s s

s s s s s s s s s s s s s s

s s s s s s s s s s s s s s

s s s s s s s s s s s s s s

s s s s s s s s s s s s s s

T WIE ...

FÄRBE ALLE OBJEKTE MIT DEM ANFANGSBUCHSTABEN T

TOMATE

T T T T T T T T T T T

T T T T T T T T T T T

T T T T T T T T T T T

T T T T T T T T T T T

T T T T T T T T T T T

t t t t t t t t t t

t t t t t t t t t t

t t t t t t t t t t

t t t t t t t t t t

t t t t t t t t t t

U WIE ...

FÄRBE ALLE OBJEKTE MIT DEM ANFANGSBUCHSTABEN U

UNTERHOSE

U U U U U U U U U U

U U U U U U U U U U

U U U U U U U U U U

U U U U U U U U U U

U U U U U U U U U U

u u u u u u u u u u u u u u

u u u u u u u u u u u u u u

u u u u u u u u u u u u u u

u u u u u u u u u u u u u u

u u u u u u u u u u u u u u

V WIE ...

FÄRBE ALLE OBJEKTE MIT DEM ANFANGSBUCHSTABEN V

V A S E

V V V V V V V V V

V V V V V V V V V

V V V V V V V V V

V V V V V V V V V

V V V V V V V V V

V V V V V V V V V V V V V V

V V V V V V V V V V V V V V

V V V V V V V V V V V V V V

V V V V V V V V V V V V V V

V V V V V V V V V V V V V V

W WIE ...

FÄRBE ALLE OBJEKTE MIT DEM ANFANGSBUCHSTABEN W

WASSERMELONE

W W W W W W

W W W W W W

W W W W W W

W W W W W W

W W W W W W

w w w w w w w w w

w w w w w w w w w

w w w w w w w w w

w w w w w w w w w

w w w w w w w w w

X WIE ...

FÄRBE ALLE OBJEKTE MIT DEM ANFANGSBUCHSTABEN X

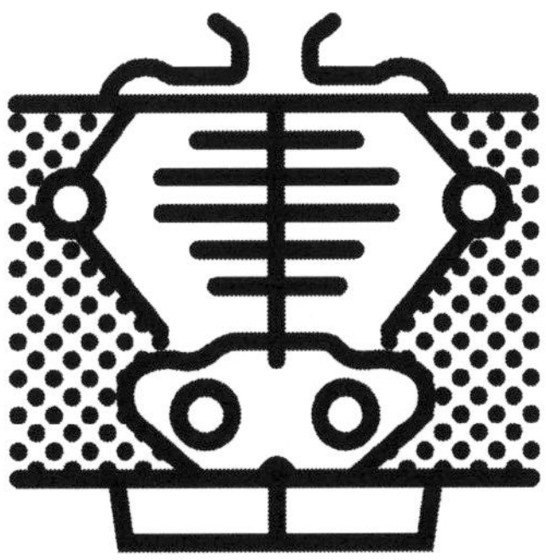

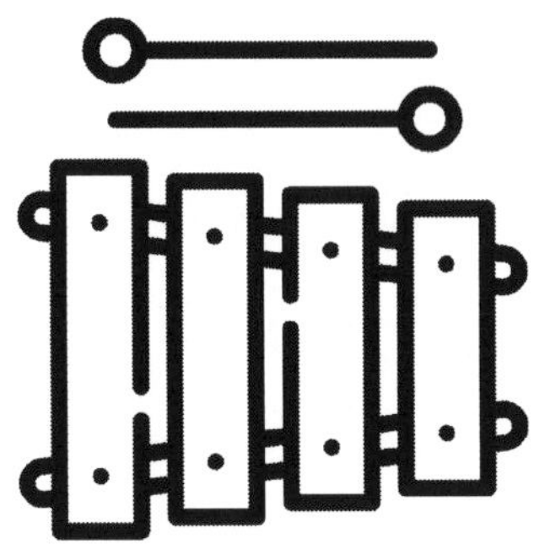

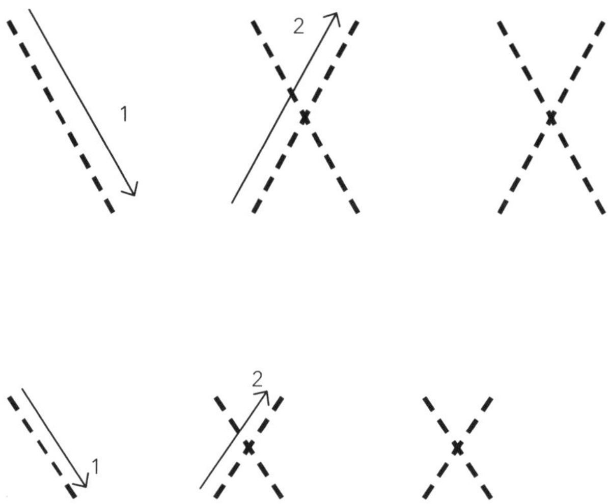

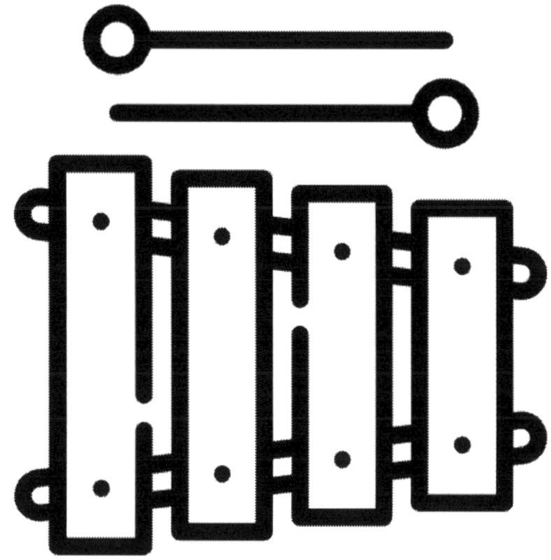

XYLOFONE

X X X X X X X X X X

X X X X X X X X X X

X X X X X X X X X X

X X X X X X X X X X

X X X X X X X X X X

X X X X X X X X X X X X X X X

X X X X X X X X X X X X X X X

X X X X X X X X X X X X X X X

X X X X X X X X X X X X X X X

X X X X X X X X X X X X X X X

Y WIE ...

FÄRBE ALLE OBJEKTE MIT DEM ANFANGSBUCHSTABEN Y

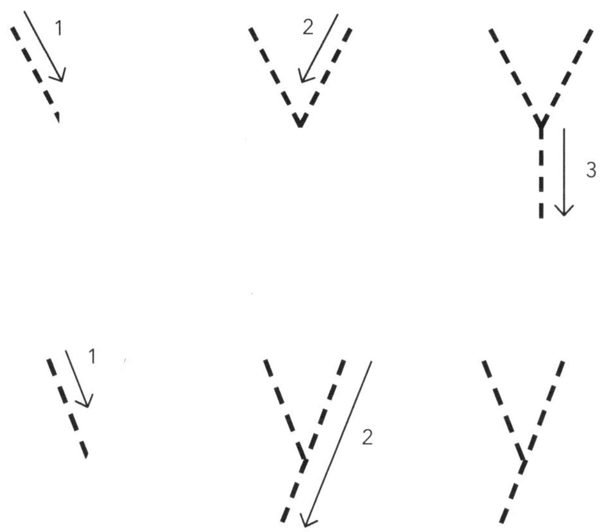

YETI

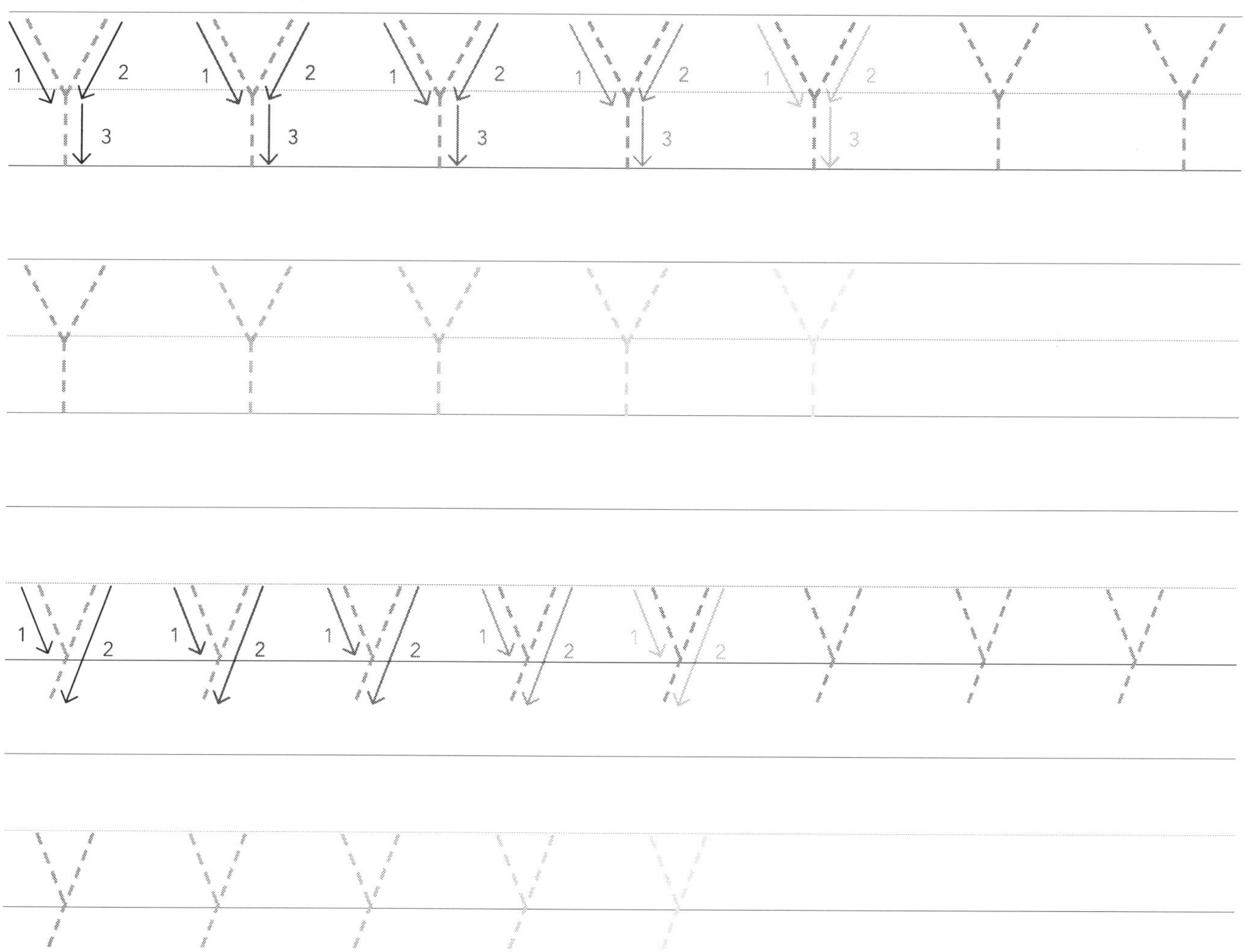

Y Y Y Y Y Y Y Y Y Y

Y Y Y Y Y Y Y Y Y Y

Y Y Y Y Y Y Y Y Y Y

Y Y Y Y Y Y Y Y Y Y

Y Y Y Y Y Y Y Y Y Y

y y y y y y y y y y y y y y

y y y y y y y y y y y y y y

y y y y y y y y y y y y y y

y y y y y y y y y y y y y y

y y y y y y y y y y y y y y

Z WIE ...

FÄRBE ALLE OBJEKTE MIT DEM ANFANGSBUCHSTABEN Z

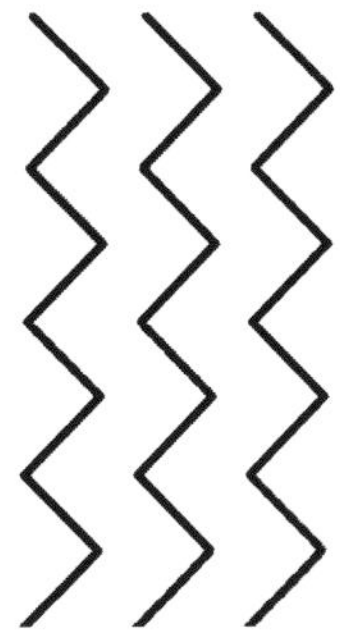

Z E B R A

Z Z Z Z Z Z Z Z Z Z

Z Z Z Z Z Z Z Z Z Z

Z Z Z Z Z Z Z Z Z Z

Z Z Z Z Z Z Z Z Z Z

Z Z Z Z Z Z Z Z Z Z

z z z z z z z z z z z z z

z z z z z z z z z z z z z

z z z z z z z z z z z z z

z z z z z z z z z z z z z

z z z z z z z z z z z z z

A B C D E

F G H I J

K L M N O

P Q R S T

U V W

X Y Z

a b c d e

f g h i j

k l m n o

p q r s t

u v w

x y z

Aa Aa Aa Aa

Apfel Apfel

Anker Anker

Ameise

Affe Affe

Ananas

Aa Aa Aa Aa

Apfel Apfel

Anker Anker

Ameise

Affe Affe

Anker Anker

Bb Bb Bb Bb

Baby Baby

Biene Biene

Banane

Bruder Bruder

Bär Bär Bär

Bb Bb Bb Bb

Baby Baby

Biene Biene

Banane

Bruder Bruder

Bär Bär Bär

Cc Cc Cc Cc

Clown Clown

Chips Chips

Cello Cello

Charakter

Chef Chef

Cc Cc Cc Cc

Clown Clown

Chips Chips

Cello Cello

Charakter

Chef Chef

Dd Dd Dd Dd

Donut Donut

Delphin Delphin

Dach Dach

Domino

Drachen

Dd Dd Dd Dd

Donut Donut

Delphin Delphin

Dach Dach

Domino

Drachen

Ee Ee Ee Ee

Elefant Elefant

Eier Eier Eier

Ente Ente

Eidechse

Eiffelturm

Ee Ee Ee Ee

Elefant Elefant

Eier Eier Eier

Ente Ente

Eidechse

Eiffelturm

Ff Ff Ff Ff Ff

Fisch Fisch

Fuchs Fuchs

Flamingo

Familie Familie

Fuß Fuß Fuß

Ff Ff Ff Ff Ff

Fuchs Fuchs

Fuchs Fuchs

Flamingo

Familie Familie

Fuß Fuß Fuß

Gg Gg Gg Gg

Giraffe

Gitarre Gitarre

Gans Gans

Gabel Gabel

Gipfel Gipfel

Gg Gg Gg Gg

Giraffe

Gitarre Gitarre

Gans Gans

Gabel Gabel

Gipfel Gipfel

Hh Hh Hh Hh

Hose Hose

Hemd Hemd

Hand Hand

Haus Haus Haus

Hotel Hotel

Hh Hh Hh Hh

Hose Hose

Hemd Hemd

Hand Hand

Haus Haus Haus

Hotel Hotel

I i I i I i I i I i I i I i

Internet

Igel Igel Igel

Iglu Iglu Iglu

Insel Insel

Indien Indien

Ii Ii Ii Ii Ii Ii Ii

Internet

Igel Igel Igel

Iglu Iglu Iglu

Insel Insel

Indien Indien

Jj Jj Jj Jj Jj

Jaguar

Jacke Jacke

Jäger Jäger

Jo-Jo Jo-Jo

Januar Januar

Jj Jj Jj Jj Jj

Jaguar

Jacke Jacke

Jäger Jäger

Jo Jo Jo Jo

Januar Januar

Kk Kk Kk Kk

Koala Koala

Kuss Kuss

König König

Katze Katze

Kamel Kamel

Kk Kk Kk Kk

Koala Koala

Kuss Kuss

Kamel Kamel

Kamel Kamel

Kamel Kamel

L l L l L l L l L l L l

Lampe Lampe

Liebe Liebe

Lamm Lamm

Löwe Löwe

Lippen Lippen

L L L L L L

Lampe Lampe

Liebe Liebe

Lamm Lamm

Lamm Lamm

Lippen Lippen

Mm Mm Mm

Mond Mond

Mango Mango

Mama Mama

Maus Maus

Melone

Mm Mm Mm

Mond Mond

Mango Mango

Mama Mama

Maus Maus

Melone

Nn Nn Nn Nn

Nase Nase

Nagel Nagel

Nacht Nacht

Neun Neun

Nummer

Nn Nn Nn Nn

Nase Nase

Nagel Nagel

Nacht Nacht

Neun Neun

Nummer

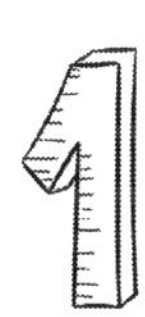

Oo Oo Oo Oo

Ofen Ofen

Ozean Ozean

Organe

Oma Oma

Oktopus

O o O o O o O o

Ofen Ofen

Ozean Ozean

Organe

Oma Oma

Oktopus

Pp Pp Pp Pp

Pizza Pizza

Papa Papa

Palme Palme

Pilz Pilz Pilz

Pinguin Pinguin

Pp Pp Pp Pp

Pizza Pizza

Papa Papa

Palme Palme

Pilz Pilz Pilz

Pinguin Pinguin

Qq Qq Qq Qq

Quadrat

Qualle Qualle

Quark Quark

Quitte Quitte

quasi quasie

Qq Qq Qq Qq

Quadrat

Qualle Qualle

Quark Quark

Quitte Quitte

quasi quasie

  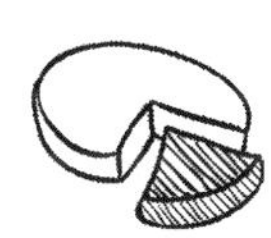

Rr Rr Rr Rr Rr

Rose Rose

Regenbogen

Radio Radio

Ring Ring Ring

Ratte Ratte

Rr Rr Rr Rr Rr

Rose Rose

Regenbogen

Radio Radio

Ring Ring Ring

Ratte Ratte

Ss Ss Ss Ss

Sonne Sonne

Schnecke

Sterne Sterne

Schlange

Schule Schule

Ss Ss Ss Ss

Sonne Sonne

Schnecke

Sterne Sterne

Schlange

Schule Schule

Tt Tt Tt Tt Tt

Tomate

Tiger Tiger

Tauben Tauben

Trompete

Tee Tee Tee

Tt Tt Tt Tt Tt

Tomate

Tiger Tiger

Tauben Tauben

Trompete

Tee Tee Tee

Uu Uu Uu Uu

Uhr Uhr Uhr

Ufo Ufo Ufo

Unterhose

U-Bahn U-Bahn

Ukelele Ukelele

Uu Uu Uu Uu

Uhr Uhr Uhr

Ufo Ufo Ufo

Unterhose

U-Bahn U-Bahn

Ukelele Ukelele

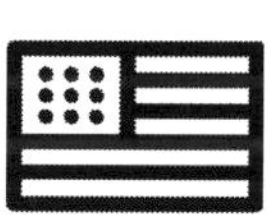

Vv Vv Vv Vv

Vampir Vampir

Vase Vase

Video Video

Vogel Vogel

Volleyball

Vv Vv Vv Vv

Vampir Vampir

Vase Vase

Video Video

Vogel Vogel

Volleyball

Ww Ww Ww

Waage

Wal Wal Wal

Wolf Wolf

Wassermelone

Wald Wald

Ww Ww Ww

Waage

Wal Wal Wal

Wolf Wolf

Wassermelone

Wald Wald

Xx Xx Xx Xx

Xylophone

Mixer Mixer

Saxofon

Axt Axt Axt Axt

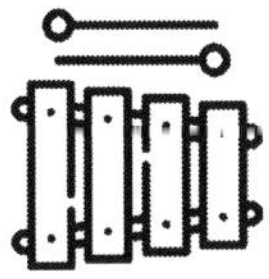

Xx Xx Xx Xx

Xylophone

Mixer Mixer

Saxofon

Axt Axt Axt Axt

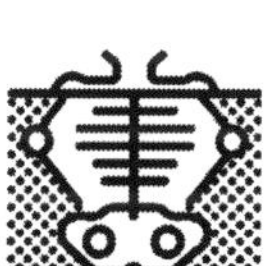

Yy Yy Yy Yy

Yeti Yeti Yeti

Yak Yak Yak

Yoga Yoga

Yacht Yacht

Yy Yy Yy Yy

Yeti Yeti Yeti

Yak Yak Yak

Yoga Yoga

Yacht Yacht

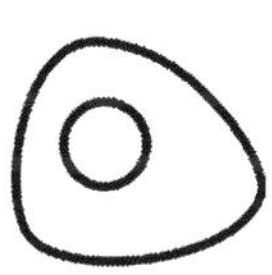

Zz Zz Zz Zz

Zebra Zebra

Zwei Zwei

Zick zack

Zucchini

Zoo Zoo Zoo

Zz Zz Zz Zz

Zebra Zebra

Zwei Zwei

Zick Zack

Zucchini

Zoo Zoo Zoo

IMPRESSUM

Bei Fragen & Anregungen:
feedback@mertens-publication.de

1. Auflage

Mertens Ventures Ltd.
Tinou 18, C02
7040 Oroklini
Zypern

E-Mail: kontakt@mertens-publication.de

Icon made by Freepik from www.flaticon.com
Lektorat und Korrektorat: Andrea Grube
Illustrationen: Mary Sand

14214502R00093

Printed in Germany
by Amazon Distribution
GmbH, Leipzig